# AÏDA

## OPÉRA EN QUATRE ACTES

DE

# G. VERDI

PAROLES DE

## C. DU LOCLE ET CH. NUITTER

NOUVELLE ÉDITION

PARIS

CALMANN LÉVY, ÉDITEUR

ANCIENNE MAISON MICHEL LÉVY FRÈRES

RUE AUBER, 3, ET BOULEVARD DES ITALIENS, 15

A LA LIBRAIRIE NOUVELLE

———

LÉON ESCUDIER, ÉDITEUR

21, rue de Choiseul

—

1881

# DÉCORATIONS

1er Acte. — *Salle dans le Palais du Roi, à Memphis.*

         M. DARAN

2e Tableau.— *Le Temple de Vulcain.*

         MM. RUBÉ et CHAPERON.

2e Acte — *Salle dans l'appartement d'Amneris.*

2e Tableau.— *Entrée de la ville de Thèbes.*

         M. J.-B. LAVASTRE.

3e Acte. — *Les Rives du Nil.*

         M. CHÉRET.

4e Acte. — *Salle du Palais.*

         MM. LAVASTRE aîné et CARPEZAT.

2e Tableau.— *Le Temple de Vulcain et une Crypte.*

         MM. RUBÉ et CHAPERON.

COSTUMES DESSINÉS PAR M. EUGÈNE LACOSTE.

# AÏDA

## • OPÉRA

Représenté pour la première fois à Paris, à l'ACADÉMIE NATIONALE DE MUSIQUE, le 22 mars 1880

F. Aureau. — Imprimerie de Lagny

# DANSES
## RÉGLÉES PAR M. LOUIS MÉRANTE

---

### 1er Acte — 2e Tableau
## DANSES DES PRÊTRESSES
Coryphées, premier Quadrille

### 2e Acte — 1er Tableau
## PAS DES ESCLAVES NÈGRES
Deuxième Quadrille

### 2e Tableau
## LES LIBYENNES
Coryphées

## LES ASIATIQUES
Coryphées, Quadrilles

## TROIS ESCLAVES
Mlles PIRON, ALICE BIOT, Y. OTTOLINI

## LES ÉGYPTIENNES
Mmes AD. MÉRANTE, LAPY, LARIEUX, MERCÉDÈS

M. BIOT, RICHERI, OTTOLINI, MOISE, GRANGE, GALLAY

## LES ÉTHIOPIENNES
Coryphées, Quadrilles

### 4e Acte — 2e Tableau
## DANSES DES PRÊTRESSES

---

# DISTRIBUTION

---

AÏDA, Esclave Éthiopienne . . . . . M<sup>mes</sup> KRAUSS

AMNERIS, Fille du Roi. . . . . . . BLOCH

LA GRANDE PRÊTRESSE . . . . . JENNY HOWE

RADAMÈS. . . . . . . . . . . . MM. SELLIER

RAMPHIS. . . . . . . . . . . . BOUDOURESQUE

AMONASRO, Père d'Aïda . . . . . . MAUREL

LE ROI . . . . . . . . . . . . . MENU

UN MESSAGER. . . . . . . . . . SAPIN

---

*L'action se passe à Memphis et à Thèbes, à l'époque de la puissance des Pharaons.*

---

# AÏDA

## ACTE PREMIER

Salle dans le palai du roi à Memphis. — A droite et à gauche s'étendent d'immenses colonnades, au milieu desquelles se dressent les statues des dieux — Au fond, à travers de vastes pylones, on aperçoit les temples, les palais de Memphis et les Pyramides.

## SCÈNE PREMIÈRE

### RADAMÈS, RAMPHIS

Ramphis entre suivi de Radamès.

**RAMPHIS.**

Oui, l'on prétend que l'Éthiopie entière
Sur les rives du Nil ose porter la guerre.
Thèbes est menacée ! — Avant peu je saurai
Si ce qu'on dit est vrai.

**RADAMÈS.**

Avez-vous consulté les dieux ?

RAMPHIS.

C'est Isis même
Qui de nos défenseurs nomma le chef suprême.

RADAMÈS.

Ah! quelle gloire!...

RAMPHIS, regardant fixement Radamès.

Il est jeune! il est valeureux.
Je vais porter au roi l'arrêt des cieux!

*Il sort.*

# SCÈNE II

RADAMÈS

Si j'étais ce soldat! O sort auquel j'aspire!
Si je pouvais conduire
Au combat nos guerriers!
Être vainqueur! rentrer à Memphis dans ma gloire,
A toi, chère Aïda, consacrer mes lauriers...
Disant : Tu m'inspiras! je te dois la victoire!
O céleste Aïda! toi dont la grâce
Que rien n'efface
Sait tout charmer,
A toi mon âme est enchaînée,
Ma destinée
Est de t'aimer!
Qu'Isis m'entende,
Que je te rende
Ton beau pays, tes jours heureux,
Que je te donne
Une couronne,
Un sceptre d'or digne des dieux!

# SCÈNE III

## RADAMÈS, AMNERIS.

AMNERIS, à Radamès.

Dans tes regards quelle ivresse nouvelle!
Quelle noble fierté sur ton front étincelle !
Combien serait heureux
Le destin d'une femme,
Dont l'aspect dans tes yeux
Saurait faire briller tant de joie et de flamme.

RADAMÈS.

D'un vain rêve le charme avait séduit mon âme.
Isis a désigné le chef que nos soldats
Pour triompher, bientôt, suivront dans les combats...
Ah! quel honneur !... si j'y pouvais prétendre !...

AMNERIS.

Quelque autre rêve encore et plus doux et plus tendre
Ne te charme-t-il pas?...
N'as-tu donc pas de désirs... d'espérance ?...

RADAMÈS, à part.

O dieux! quelle souffrance !...
Que dit-elle !... malheur !...
Malheur! si de mon âme
Elle a surpris la flamme,
Oui, c'est une autre femme,
Qui règne dans mon cœur!

AMNERIS, à part.

Malheur! si dans son âme
S'allume une autre flamme!

Si j'ai pu lire dans son cœur
Sur eux trois fois malheur !

.

## SCÈNE IV

LES MÊMES, AÏDA.


RADAMÈS, apercevant Aïda.

Elle !

AMNERIS, l'observant.

Il se trouble ! et, le front pâle,
Comme il la regarde ! Aïda !...
Peut-être ma rivale
C'est elle !... la voilà !

Haut, s'approchant d'Aïda.

Viens ! Aïda ! viens sans effroi !
Tu n'es pas ma captive.
Parle ! d'où vient que je te voi
Auprès de moi craintive ?
Tu pleures !... dis-moi tes secrets ;
Dis-moi d'ou naissent tes regrets ?

AÏDA.

Hélas ! déjà l'heure a sonné !...
Un peuple armé s'assemble.
Pour mon pays infortuné,
Pour moi, pour vous, je tremble.

AMNERIS.

Ne cache rien ! n'est-il pour toi
D'autre sujet d'effroi ?...

Aïda, baissant les yeux, cherche à dissimuler son trouble.

RADAMÈS, à part, regardant Amneris.

Je crains d'une âme altière
La haine et la colère,
Si ce profond mystère
Doit paraître au grand jour !

AMNERIS, à part, regardant Aida.

Tremble, cœur faux et traître !
Que mon œil ne pénètre
Un secret qui peut-être
Va paraître au grand jour !

AÏDA, à part.

Oh! non! non! la patrie
N'est pas seule chérie
Dans mon âme meurtrie
Par un fatal amour !

# SCÈNE V

LES MÊMES, LE ROI, précédé de ses GARDES, et suivi de RAMPHIS, puis des MINISTRES, des PRÊTRES, des OFFICIERS, UN OFFICIER DU PALAIS, puis UN MESSAGER.

LE ROI.

A l'heure du danger
Votre roi fait appel à ses sujets fidèles,
De l'Éthiopie arrive un messager,
Il nous apprend d'importantes nouvelles.
Vous l'entendrez.

A un officier.

Qu'il vienne devant moi.

LE MESSAGER, introduit par l'offic'er.

L'Égypte a vu profanei ses frontières
Par des tribus barbares!... Sur nos terres
Leur main porta le meurtre et l'incendie, et fières
De leurs premiers succès, semant l'effroi,
Elles marchent déjà sur Thèbes!

TOUS.

Quelle audace!

LE MESSAGER.

Un chef vaillant qui ne fit jamais grâce
Est à leur tête: Amonasro!

TOUS.

Le roi!

AÏDA, à part.

Mon père!

LE MESSAGER.

Thèbes s'arme, et bientôt ses cent portes
Vont lancer nos soldats
Pour arrêter ces barbares cohortes!

LE ROI.

Oui! guerre à mort! courons tous aux combats!

TOUS.

Guerre! guerre implacable!
Guerre terrible! inexorable!...

LE ROI, s'approchant de Radamès.

Que ta volonté sainte Isis soit proclamée!...
Ta voix nomma le chef de notre armée :
Radamès!

TOUS.

Radamès!

# ACTE PREMIER

### RADAMÈS.

Je rends grâces

### AÏDA, à part.

Je tremble !

### AMNERIS, à part.

Il part !...

### RADAMÈS.

Le ciel comble mes vœux.

### LE ROI, à Radamès.

Au temple de Vulcain, viens chercher sous la crypte
L'armure consacrée et cours venger l'Égypte.

#### Aux soldats.

O guerriers, sur ce rivage
Déployez votre courage,
Que résonne un cri de rage,
Guerre et mort à l'étranger !

### RAMPHIS.

O déesses fortunées !
Nos fragiles destinées
Dans vos mains sont enchaînées,
Aidez-nous à nous venger.

### LES OFFICIERS et LES MINISTRES

On verra sur ce rivage
Éclater notre courage,
Que résonne un cri de rage,
Guerre et mort à l'étranger !

### AÏDA, à part.

Je ne sais pour qui je pleure...
Faut-il qu'il vive ou qu'il meure ?
Moi, l'aimer !... quand à cette heure
C'est l'ennemi, l'étranger !

RADAMÈS.

A mon âme se révèle
La victoire la plus belle,
Quand la gloire nous appelle
Guerre et mort à l'étranger!

AMNERIS, présentant une bannière à Radamès

De ma main, ô chef suprême,
Du pouvoir reçois l'emblème,
D'un héros que chacun aime
Qu'il détourne le danger.

LES PRÊTRES.

Gloire aux dieux dont la puissance
Va guider votre vaillance,
Qu'elle soit notre espérance
Et nous aide à nous venger!

TOUS.

Guerre implacable et mort à l'agresseur!

AMNERIS, à Radamès.

Pars et reviens vainqueur!

TOUS.

Vers nous reviens vainqueur!

Ils sortent tous, moins Aida.


# SCÈNE VI

AÏDA, seule.

Vers nous reviens vainqueur!
Ma lèvre a prononcé cette parole impie!
Quoi! lui, vainqueur d'un père armé pour m'arracher
A mes tyrans! me rendre une patrie,

trône, et le grand nom qu'ici je dois **cacher !**
Quoi ! vainqueur de mes frères !...
Le verrai-je, les mains teintes d'un sang chéri,
Triomphant, acclamé par nos fiers adversaires,
Traînant après son char mon père... un roi !... **flétri...**
    Du poids des fers meurtri !
      Que cette parole
      Loin de moi s'envole.
      Qu'Aïda console
      Un père adoré !
      Périsse la race
      D'un peuple abhorré !...
    Ah ! dieux ! Est-ce moi qui menace !...
    Et mon amour !... Oh ! non !...
Puis-je oublier cette vive tendresse
Qui de l'esclave, ainsi qu'un gai rayon,
    Charmait la détresse !...
Moi ! demander la mort de Radamès !...
    De celui que j'adore !...
    Ah ! fut-il donc jamais
Tourment semblable au feu qui me dévore ?
Ces noms sacrés et d'époux et de père,
Ne puis-je donc, hélas ! les murmurer ?
Pour l'un, pour l'autre, en ma douleur amère,
Je ne voudrais que prier et pleurer.
Mais la prière est hélas un blasphème,
Mais les soupirs, les pleurs sont criminels,
Et je n'ai plus qu'un refuge suprême,
La froide mort et ses dons éternels !
    Grâce ! grands dieux ! c'est trop souffrir !
    Dans ma douleur plus d'espérance,
    Fatal amour, triste démence !...
    Brise mon cœur, fais-moi mourir.

                **Elle s'éloigne.**

# DEUXIÈME TABLEAU

L'intérieur du temple de Vulcain à Memphis. Une lumière mystérieuse vient
d'en haut. Une longue file de colonnes se perd dans les ténèbres. Au milieu
de la scène s'élève l'autel surmonté des emblèmes sacrés. Dans des trépieds
d'or brûlent des parfums.

---

PRÊTRES et PRÊTRESSES, RAMPHIS, puis RADAMÈS.

Ramphis est au pied de l'autel. On entend dans l'intérieur du temple
le chant des prêtresses accompagné par les harpes.

CHŒUR DES PRÊTRESSES, au dehors.

Suprême Phta! du monde,
Toi l'esprit créateur,
Ma voix t'implore! — Immense Phta, du monde
Toi, l'esprit protecteur,
Ma voix t'implore! — O toi, source féconde
Du feu pur et brillant,
Nous t'implorons! — Toi qui tiras la terre,
L'eau, le ciel, du néant,
Nous t'implorons! — Toi le fils et le père
De ton être divin,
Nous t'implorons, de la nature entière
Toi la vie et la fin.

Radamès est introduit sans armes. Pendant qu'il se dirige vers l'autel, les
prêtresses exécutent la danse sacrée. On tend un voile d'argent sur la
tête de Radamès.

RAMPHIS.

Mortel aimé des dieux, notre patrie
Remet à toi son sort,
Ce glaive saint que le ciel te confie
Pour l'ennemi pliant sous ton effort
Est l'effroi, la foudre, la mort!

*Se tournant vers la statue du dieu.*

O toi, dieu tutélaire
De cette noble terre,
Daigne étendre la main d'un père
Sur ce sol adoré.

RADAMÈS.

Toi, l'arbitre sévère
Du sort de toute guerre,
Rends puissante et prospère
La noble Égypte au sol sacré.

*Pendant que Radamès reçoit les armes consacrées les prêtresses et les prêtres reprennent l'hymne religieux et la danse mystique.*

# ACTE DEUXIÈME

Une salle dans l'appartement d'Amneris.

---

## SCÈNE PREMIÈRE

### AMNERIS, Esclaves.

Amneris est entourée d'esclaves qui la parent pour la fête triomphale. De jeunes esclaves maures agitent des éventails de plumes.

CHOEUR.

Au son des chants de guerre
Il vient le chef vaillant.
Moins prompt est le tonnerre,
Le jour est moins brillant.
Tressons pour sa couronne
Les roses, le laurier.
Qu'un chant d'amour résonne,
Écho d'un chant guerrier!

AMNERIS.

Ah! viens! toi que j'adore!
Tu vis, je te revois!
Viens! que j'entende encore
Le doux son de ta voix.

# ACTE DEUXIÈME

## CHOEUR.

Où donc est cette armée
Qui semait la terreur?
Tout fuit, vaine fumée,
Au souffle du vainqueur.
Le prix de la victoire
Est prêt à ton retour.
A qui sourit la gloire
Bientôt sourit l'amour.

Danse des petits esclaves maures.

## AMNERIS.

Mais silence ! Aïda s'avance ; la voilà.
Les siens ont succombé; sa douleur m'est sacrée.

Sur un signe d'Amneris les esclaves s'éloignent.

# SCÈNE II

## AMNERIS, AÏDA.

Aïda paraît portant la couronne.

## AMNERIS, l'observant.

A son aspect un doute affreux m'a déchirée !...
Ce mystère fatal bientôt s'éclaircira.

A Aïda.

La fortune te traite en ennemie.
Pauvre Aïda ! Le poids d'un destin rigoureux
Je le partage ! A toi ma seule amie,
Parle sans contrainte ; — je veux
Te voir heureuse!

## AÏDA.

Heureuse!... ah ! puis-je l'être
Loin du pays natal, seule et sans rien connaître
Du destin de mon père et des miens. —

# AÏDA

**AMNERIS.**

Je te plains
Mais à tous nos chagrins
Dieu laissa l'espérance.
Seul quelque jour le temps calmera ta souffrance,
Et plus encore... un Dieu puissant ! l'amour!

**AÏDA, à part, vivement émue.**

L'amour! l'amour! il tue, enivre,
douleur divin, tourment cruel,
Dans ces douleurs je me sens vivre,
Un seul regard m'ouvre le ciel !

**AMNERIS, regardant fixement Aïda.**

Quelle pâleur ! quel trouble extrême '
Et quelle fièvre dans son cœur
Je connaîtrai celui qu'elle aime,
Je saurai d'où vient sa douleur !

**A Aïda.**

Dis-moi quelle tristesse,
Chère Aïda, t'oppresse.
Que toute crainte cesse,
Ouvre ton âme à ma tendresse,
A quelqu'un des soldats
De cette lutte ardente
Ton âme impatiente,
Dis-moi, ne rêvait-elle pas?

**AÏDA.**

Qu'entends-je!...

**AMNERIS.**

A tous le sort
N'a pas été contraire,
Si notre chef est mort,
Frappé dans cette guerre...

# ACTE DEUXIÈME

AÏDA.

**Que veux-tu dire ? jour d'herreur.**

AMNERIS.

**Oui ! Radamès perdit ~~la~~ vie.**

AÏDA

**Sort affreux !...**

AMNERIS.

**Toi ! son ennemie...**

AÏDA.

**O jour d'éternelle douleur !**

AMNERIS.

**Les dieux t'ont bien vengée !**

AÏDA.

**Ah ! leur colèr**
**Me poursuit sans repos !**

AMNERIS.

**Tremble ! car dans ton cœur**
**J'ai lu ! tu l'aimes !... sois sincère !**
**Un mot encore, un seul mot désormais.**
**Regarde-moi ! je t'ai trompée, et Radamès...**
**Il vit...**

AÏDA, avec exaltation et tombant à genoux.

**Ah ! dieux suprêmes !...**

AMNERIS, avec fureur.

**Peux-tu mentir encor !... oh ! oui ! tu l'aimes !**
**Je l'aime aussi ! n'ignore rien !**
**Je suis ta rivale**
**Fille des Pharaons !**

AÏDA.

Toi ! ma rivale ! Eh bien...
Je suis aussi...

S'arrêtant.

Que dis-je ! ô parole fatale,
Pour moi pardon ! ah ! prends pitié de ma douleur !
C'est vrai !... je l'aime avec ardeur.
Tu règnes fière
Dans cette cour,
Je n'ai sur terre
Que mon amour.

AMNERIS.

Ah ! tremble, esclave,
Crains mon courroux !
Si ton cœur brave
Mon cœur jaloux,
A ma puissance
Tout doit céder,
Et la vengeance
Ne peut tarder !

On entend au dehors des chants de guer

AMNERIS.

A me suivre, allons, sois prête,
Qu'on nous voie à cette fête
Toi, courbant bien bas la tête,
Moi, sur le trône des rois !

AÏDA.

Ah ! pitié ! sois moins sévère,
Pitié ! tu vois
L'excès de ma misère !
Vis et règne ! la colère
Dans ton cœur se calmera,
Car la flamme qui t'offense
Dans la tombe s'éteindra.

AMNERIS.

Viens ! suis-moi !... je sais d'avance
Qui des deux l'emportera.

*Elle sort,*

CHOEUR, au dehors.

On a vu sur ce rivage.
Éclater notre courage,
Que résonne un cri de rage...

AÏDA, seule.

Grâce, grands dieux ! c'est trop souffrir :
Pitié ! pitié !... plutôt mourir.

---

# DEUXIÈME TABLEAU

Une des entrées de la ville de Thèbes ; groupes de palmiers. — A droite le
temple d'Ammon ; à gauche un trône surmonté d'un dais de pourpre. Au
fond une porte triomphale.

# SCÈNE III

PEUPLE ÉGYPTIEN, LE ROI, RAMPHIS, AMNERIS,
AÏDA, MINISTRES, PRÊTRES, CAPITAINES,
ESCLAVES, Etc.

Le roi entre, suivi des ministres, des prêtres, des capitaines, etc., puis entre
Amneris avec Aïda et les esclaves. Le roi va s'asseoir sur le trône. Amneris
prend place à la gauche du roi.

CHOEUR.

LE PEUPLE.

Gloire à l'Égypte, au noble **roi**
Que le Delta révère !

Isis, que la prière
S'élève jusqu'à toi!
Vois en tous lieux, triomphateur,
Ta gloire proclamée.
Que de fleurs soit semée
La route du vainqueur.

### LES FEMMES.

Aux palmes triomphantes,
Aux roses odorantes
Mêlez les fleurs brillantes
Du lotus sans pareil ;
Que s'enlacent nos rondes
En mystères fécondes
Comme tournent les mondes
Autour du chaud soleil.

### LES PRÊTRES.

Isis sourit aux cœurs pieux,
Que vos hymnes résonnent
Et des biens qu'ils nous donnent
Rendez grâces aux dieux.

Les troupes égyptiennes précédées de fanfares défilent devant le roi.
Viennent ensuite les chars de guerre, les insignes, les vases sacrés, les
images des dieux ; une troupe de danseuses apporte les trésors des
vaincus ; enfin apparaît Radamès sous un dais, porté par douze officiers.

### LE ROI.

Descendant de son trône pour embrasser Radamès.

Sauveur de ton pays, salut à toi!
Ma fille de ses mains royales
Te vient offrir les palmes triomphales.

Radamès s'incline devant Amneris qui lui offre la couronne.

Parle ! demande-moi
Ce que tu veux ; je te le donne.
Il n'est rien en ce jour qu'on n'accorde à tes vœux,

Je le jure par ma couronne,
J'en jure par les dieux.

RADAMÈS.

Permets d'abord, ô prince, qu'à tes yeux
Paraissent nos captifs.

LES PRÊTRES.

Rendons grâces aux dieux.

## SCÈNE IV

LES MÊMES, AMONASRO, PRISONNIERS
ÉTHIOPIENS, GARDES.

AÏDA, apercevant Amonasro.

Que vois-je!... toi!... mon père!...

TOUS.

Son père!...

AMNERIS.

En nos mains!...

AÏDA.

Prisonnier! toi!...

AMONASRO, bas.

Ne me trahis pas!

LE ROI, à Amonasro.

Approche! Tu serais...

AMONASRO.

Son père! Un adversaire!
Vaincu par vous! En vain j'ai cherché le trépas.
Pour mon roi, ma patrie alarmée,

## AÏDA

J'ai lutté, j'ai guidé **notre armée.**
Mais l'effort d'une race opprimée
Fut trahi par le dieu des combats.
Devant moi notre roi magnanime
Expira triste et noble victime.
Si chérir sa patrie est un crime,
C'est le nôtre, et j'attends le trépas

*Au roi, en suppliant.*

O grand roi, quand le sort nous accable
Viens nous tendre une main secourable,
La fortune, aujourd'hui favorable,
Peut demain vous montrer sa rigueur!

### LES CAPTIFS.

Décimés et privés d'espérance
Nous venons implorer ta clémence,
Que le ciel d'une telle souffrance
Vous épargne à jamais la rigueur!

### RAMPHIS et LES PRÊTRES.

Il le faut, que leur race périsse!
De nos dieux que l'arrêt s'accomplisse,
Quand le ciel a dicté leur supplice,
O grand roi, pourrais-tu pardonner?

### LE PEUPLE.

Ah! calmez cette aveugle colère,
Des vaincus écoutez la prière,
Roi puissant, ta victoire est entière,
Sans pitié pourrais-tu pardonner?

### RADAMÈS, *regardant Aïda.*

Je la vois qui frémit, qui chancelle,
Son effroi me la montre plus belle,
Oui, l'amour m'a touché de son aile
Et **mon cœur s'abandonne à ses lois**

# ACTE DEUXIÈME

AMNERIS, à part, regardant Radamès.

Quels regards il dirige sur elle!
Quelle flamme en ses yeux étincelle!
Faudra-t-il d'une esclave rebelle
Supporter tant d'affronts à la fois!...

LE ROI.

La défaite a puni leur offense,
Ne pourrais-je oublier ma vengeance!
C'est le ciel qui le veut! la clémence
Raffermit la puissance des rois.

RADAMÈS.

O roi!... par le ciel même,
Par l'éclat de ton diadème
Tu juras d'accomplir mes vœux.

LE ROI.

Je l'ai promis!

RADAMÈS.

Eh bien, pour ces captifs soumis
Qu'un sort cruel menace,
Je demande la vie et la liberté.

AMNERIS.

Quoi!...

Pour tous !...

LES PRÊTRES.

Mort aux vaincus! point de faiblesse!

LE PEUPLE.

Pour ces infortunés!

RAMPHIS.

Écoute! ô roi!...

A Radamès.

Et toi, jeune héros, Dieu parle! écoute-moi!...
    Pleins de haine et de vaillance,
    La vengeance est dans leur cœur,
    Enhardis par ta clémence
    Ils reprendront leur fureur!

#### RADAMÈS.

Amonasro, leur prince, est tombé sous nos coups.
Pour eux plus d'espérance.

#### RAMPHIS.

      Au moins que, parmi nous,
    Aïda comme otage
Demeure avec son père!

#### LE ROI.

      Oui! ton conseil est sage.
    Mais pour nous de la paix
    Il est un meilleur gage.
Radamès! le pays doit tout à tes hauts faits,
Sois l'époux d'Amneris! sois l'espoir de ma race!
Sur l'Égypte tous deux vous régnerez un jour.

#### AMNERIS, à part.

Viens donc, esclave, viens! si tu l'oses, en face
    Me ravir son amour!

#### LE PEUPLE et LES CAPTIFS.

    Gloire à l'Égypte, au noble roi
    Que le Delta révère,
    Isis! que la prière
    S'élève jusqu'à toi!...

#### LES PRÊTRES.

Isis, tes fils reconnaissants
    Te doivent leur victoire.

# ACTE DEUXIÈME

Sois béni, ô toi qui défends
L'Égypte et ses enfants.

RADAMÈS, à part.

Dieux ennemis! ah! dans ce jour
Tout espoir m'abandonne.
Aïda, la couronne
Ne vaut pas ton amour!

AÏDA, à part.

Ah! tout espoir a fui mon cœur!
A lui puissance et gloire!
A moi la honte et la douleur
D'une fatale ardeur!

AMNERIS.

Les dieux hâtèrent son retour,
A peine j'ose y croire,
Je vois s'accomplir en ce jour
Tous mes rêves d'amour.

AMONASRO, à Aïda

Courage! un peuple ne meurt pas!
Renais à l'espérance,
Avant peu la vengeance
Saura guider nos pas.

# ACTE TROISIÈME

Les rives du Nil. — Roches de granit parmi lesquelles croissent des palmiers.
— Sur le sommet des roches le temple d'Isis à demi caché par les arbres.
— Il fait nuit. La lune resplendit.

---

## SCÈNE PREMIÈRE

### RAMPHIS, AMNERIS.

PRÊTRES et PRÊTRESSES dans le temple.

CHOEUR, dans le temple.

O toi, l'épouse d'Osiris,
O toi, sa tendre mère,
Qui de l'amour, aux cœurs épris,
Dévoiles le mystère,
Écoute ma prière,
Toute-puissante Isis.

D'une barque qui s'arrête on voit descendre Amneris, Ramphis, quelques femmes voilées et des gardes.

RAMPHIS, à Amneris.

Viens implorer Isis, l'heure s'avance!
L'heure d'hymen!
De la déesse invoquons la puissance,
Aucun secret humain

N'échappe à sa science,
Et l'avenir lointain
Et s'éclaire et rayonne!

AMNERIS.

Je la prierai que Radamès me donne
Tout son amour,
Comme mon âme est à lui tout entière!

RAMPHIS.

Suis-moi, nous prierons jusqu'au jour.
Je t'accompagne.

Ils entrent dans le temple.

CHOEUR, dans le temple.

Exauce ma prière,
Toute-puissante Isis,
O toi, l'épouse d'Osiris,
O toi, sa tendre mère.


# SCÈNE II


### AÏDA.


AÏDA, couverte d'un voile, s'avance avec précaution.

Radamès va venir. Que doit-il m'annoncer?
Je tremble! Ah! si tu viens pour prononcer
Cruel, l'adieu suprême,
Les flots du Nil rapide, pour jamais
M'offrent la tombe et la paix,
Et l'oubli de moi-même!
O mon pays, je ne dois plus te voir!
O ciel d'azur, ô rives parfumées,
Adieu, grands bois où je venais m'asseoir,
De mon enfance, ô campagnes aimées,

2

O mon pays, je ne dois plus te voir!
O frais vallons, grands bois où dans un rêve
Mon cœur s'était bercé d'un tendre espoir,
Quand de l'amour le songe heureux s'achève.
O mon pays, je ne dois plus te voir'

## SCÈNE III

### AÏDA, AMONASRO.

Aïda est plongée dans sa douleur. — Elle entend marcher et se lève croyant
voir Radamès. Elle aperçoit Amonasro.

AÏDA.

Ciel! mon père!

AMONASRO.

Aïda! le moment est suprème!
Rien n'échappe à mes yeux.
Ton cœur brûle d'amour pour Radamès! Il t'aime,
Tu l'attends en ces lieux!
Des Pharaons la fille est ma rivale;
Race infâme, abhorrée, à tous les miens fatale!

AÏDA.

Je suis en leur pouvoir, moi, la fille d'un roi!

AMONASRO.

En leur pouvoir! non, la vengeance
Est prochaine, crois-moi!
Oui! tu vaincras ta rivale! puissance,
Patrie, amour, tout est à toi!
Tu reverras cette terre bénie,
Nos frais vallons, les temples de nos dieux.

AÏDA.

Je reverrai cette terre bénie,
Nos frais vallons, les temples de nos dieux.

AMONASRO.

Heureuse épouse à ton époux unie,
Votre bonheur surpassera vos vœux.

AÏDA.

Pour un seul jour jouir de cette ivresse
Un jour, une heure, et puis après mourir !

AMONASRO.

Souviens-toi bien de ces jours de détresse
Où l'ennemi vint tout anéantir...
Puis il partit emmenant ses captives :
Femmes, vieillards, enfants, tout a péri.

AÏDA.

Je crois entendre encor leurs voix plaintives,
O souvenirs dont mon cœur est meurtri :
De jours meilleurs, puisse après tant d'alarmes,
Puisse briller l'aurore à nos regards.

AMONASRO.

Déjà notre peuple est en armes,
Nous les vaincrons et sans retards
Il me reste à connaître
Par quels chemins l'ennemi doit paraître.

AÏDA.

Qui saura leurs secrets ?

AMONASRO.

Qui donc ? toi-même !...

AÏDA.

### AMONASRO.

Radamès va venir. Il t'aime!
Il conduit leurs soldats... tu comprends...

### AÏDA.

Quel blasphème!
Que me conseilles-tu! non! non! jamais!..

### AMONASRO, avec une impétuosité sauvage.

Sortez de vos tentes,
Hordes triomphantes,
De ruines fumantes
Couvrez la cité!
Semez au passage
L'effroi, le carnage,
Que dans votre rage
Tout soit dévasté!

### AÏDA.

Ah! pitié! mon père!..

### AMONASRO.

Toi! ma fille!... arrière!...
Vois donc rouler ces flots sanglants,
Au sein de nos murailles
Les morts se lèvent frémissants,
Privés de funérailles.
Entends vers toi monter leurs cris!
C'est toi qui nous trahis!...

### AÏDA.

Pitié! pitié, mon père!

### AMONASRO.

Un spectre courroucé dans l'ombre suit tes pas,
Tremble! le vois-tu bien!.. il tend vers toi les bras..

### AÏDA.

Non! grâce!...

AMONASRO.

C'est ta mère

Qui te maudit!..

AÏDA.

Non! non!.. grâce! pi ié, mon père!

AMONASRO.

Toi, ma fille!.. non! non!...
Des Pharaons tu n'es que l'esclave!..

AÏDA.

Pardon!.,
Grâce, mon père, ah! je t'implore!
Sans me maudire écoute-moi,
Non! ta fille n'est pas esclave! Elle est encore
Digne de toi!...

AMONASRO.

Songe qu'un peuple entier dans sa furie
Grâce à toi seule enfin triomphera!...

AÏDA.

Quel sacrifice! ô ma patrie!...

AMONASRO.

Courage! il vient! moi je suis là!

Il se cache parmi les palmiers.

# SCÈNE IV

## AÏDA, RADAMÈS.

RADAMÈS, avec transport.

Je te revois enfin, chère âme!...

AÏDA

Qui t'amène
Qu'espères-tu? va-t-en!...

RADAMÈS.

L'amour m'enchaîne
L'amour vers toi me guide!

AÏDA.

Un autre amour t'attend,
L'autel est prêt, la main d'Amneris...

RADAMÈS.

Dieu m'entend!
C'est toi que j'aime et d'une flamme pure!
J'en fais serment, je veux vivre pour toi.

AÏDA.

Garde-toi bien d'être parjure!
Pourrais-je aimer qui trahirait sa foi?

RADAMÈS.

Tu douterais de mon amour!

AÏDA.

Je doute
De te soustraire aux projets d'Amneris;
Aux vœux du roi, des ministres d'Isis...
Aux vœux de tout un peuple!...

RADAMÈS.

Eh bien... écoute!...
Déjà tout prêt à d'autres guerres
L'Éthiopien vole aux combats!
Déjà les tiens s'élancent sur nos terres...
De nos guerriers je dois guider les pas.
Dans mon triomphe et dans ma gloire
Au roi je veux ouvrir mon cœur.

A toi l'honneur de ma victoire,
L'amour nous promet le bonheur!

### AÏDA.

Eh! quoi! tu braves la fureur,
La haine d'Amneris, haine terrible
Comme la foudre, son courroux
Va retomber sur mon père, sur nous!

### RADAMÈS.

Je vous protégerai!

### AÏDA.

Non! non! lutte impossible!
Mais si tu m'aimes, nous aurons
D'autres moyens plus sûrs encor.

### RADAMÈS.

Lesquels?

### AÏDA.

Fuyons!

### RADAMÈS.

Qu'entends-je!...

### AÏDA.

Ah! viens! fuyons loin d'un désert stérile!
Là-bas mon doux pays nous offre un sûr asile.
Là, parmi les bois tout en fleurs,
Nous oublîrons sans crainte,
Dans une extase sainte,
La terre et ses douleurs!

### RADAMÈS, avec douleur.

Sur la terre étrangère
Il faudrait fuir tous deux!...
Fuir l'Égypte si chère,
Les temples de nos dieux!...

Cette cité riante,
Berceau de nos amours,
De ma gloire naissante,
La quitter pour toujours!...

AÏDA.

Viens! l'amour comblera les vœux
De nos âmes sincères!
Dans d'autres sanctuaires,
Servons les mêmes dieux.

AÏDA.

Fuyons!...

RADAMÈS, hésitant.

Chère Aïda!...

AÏDA.

Viens! ah! si tu m'aimais...

RADAMÈS.

Que dis-tu?...

AÏDA.

Non!

RADAMÈS.

Quel mortel, quel dieu même
Aima jamais de cet amour extrême...

AÏDA.

Amneris à l'autel t'attend.

RADAMÈS.

Non! non! jamais!

AÏDA.

Jamais, dis-tu! dès lors à sa colère
Tu me livres avec mon père!...

RADAMÈS.

Oh! non! fuyons! c'est pour toi que je tremble...
Au désert fuyons ensemble,
C'est l'amour qui nous rassemble
Et nous ouvre d'autres cieux!
Nous aurons, ô ma maîtresse,
Pour témoins de notre ivresse
La nature enchanteresse
Et les astres radieux !

AÏDA.

Viens! suis-moi vers la contrée
En tout temps de fleurs parée,
Où notre âme est enivrée
De parfums délicieux!
Pour témoins de ma tendresse
Nous aurons dans notre ivresse,
La nature enchanteresse
Et les astres radie ux

TOUS DEUX.

Viens! fuyons avant l'aurore
Les dangers de cette cour;
Viens ! je t'aime, je t'adore...
Notre guide, c'est l'amour!

Ils vont pour partir, Aïda s'arrête subitement

AÏDA.

Mais, dis-moi, par quel chemin
Pouvons-nous éviter tes cohortes fidèles ?

RADAMÈS.

Le chemin désigné pour frapper les rebelles
Sera désert jusqu'à demain.

AÏDA.

Et quelle est cette route?

RADAMÈS.

Le col de Napata.

## SCÈNE V

LES MÊMES, AMONASRO, paraissant.

AMONASRO.

Le col de Napata!
Là vous verrez les miens!

RADAMÈS.

Qui nous écoute?

AMONASRO.

Le père d'Aïda
Et le roi d'Éthiopie.

RADAMÈS.

Eh! quoi!... Qu'oses-tu dire!...
Amonasro! toi!... toi! le roi!...
Dieux! qu'ai-je dit! ce n'est pas vrai! c'est un délire...

AÏDA.

Dans mon amour n'as-tu pas foi?

AMONASRO.

Qu'Aïda t'appartienne !

AÏDA.

Ma couronne est la tienne !

AMONASRO.

Son amour t'a fait roi!

RADAMÈS.

O honte ineffaçable!
Je livre mon pays!

AÏDA.

Calme-toi!

AMONASRO.

Tu n'es pas coupable,
Car Dieu lui-même l'a permis!
Viens! mes amis sur l'autre bord
M'attendent au passage,
L'amour sur ce rivage
Embellira ton sort!

# SCÈNE VI

Les Mêmes, AMNERIS, puis RAMPHIS,
Les Prêtres, Les Gardes.

AMONASRO, à Radamès.

Viens! viens!

AMNERIS, sortant du temple.

O traître?

AÏDA.

Dieux! c'est elle!

AMONASRO.

Ah! tu viens déjouer mes projets...

S'approchant d'elle un poignard à la main.

Meurs!

RADAMÈS, le retenant.

Rebelle!

Arrête!

AMONASRO.

O rage!

AIDA

RAMPHIS.

Holà! gardes! holà!

RADAMÈS, à Aïda et Amonasro.

Courez! fuyez!...

AMONASRO, entraînant Aïda.

Viens, ô ma fille!

RAMPHIS, au chef des gardes.

Va!

Cours vite!

RADAMÈS, à Ramphis.

En ton pouvoir, ô prêtre, me voilà!

# ACTE QUATRIÈME

Une salle dans le palais du roi. — A gauche, une galerie. — Au fond, un vaste portique conduisant à la crypte où se rendent les arrêts. — A droite, galerie conduisant à la prison de Radamès.

---

## SCÈNE PREMIÈRE

### AMNERIS.

Ma rivale m'échappe, elle est sauvée.
Les prêtres vont venir et Radamès attend
La peine aux traîtres réservée.
Un traître! il ne l'est pas. Pourtant
Des secrets de l'État gardien infidèle,
Il voulait fuir! fuir avec elle.
Ah! pour tous ces traîtres, la mort!
Ah! qu'ai-je dit! je l'aime, hélas! je l'aime encore!
Pouvoir fatal! l'amour est le plus fort
Dans ce cœur qu'il dévore!...
s'il pouvait m'aimer!.. je veux le sauver!... mais
Comment! — qu'il vienne! Garde, amène Radamès.

3

# SCÈNE II

## AMNERIS, RADAMÈS

Radamès paraît amené par les gardes.

### AMNERIS.

Pour rendre ta sentence, on va bientôt l'entendre
Parle et d'un si grand crime à toi de te défendre.
Repousse tout soupçon,
J'implorerai mon père,
Je serai messagère
De grâce et de pardon !...

### RADAMÈS.

Ne crois pas qu'on m'entende implorer leur clémence.
C'est le ciel que j'atteste, il sait mon innocence.
J'écarte avec horreur
Toute ombre de parjure,
Mon âme est toujours pure
Et j'ai gardé l'honneur !

### AMNERIS.

Défends-toi donc ! Parle !

### RADAMÈS.

Non !

### AMNERIS.

Tu mourras !

### RADAMÈS.

Je hais la vie et toute joie
S'est tarie en mon cœur à trop de maux en proie,
Je brave le trépas !

AMNERIS.

Qu'entends-je! oh! non! non, tu vivras!
Tu vivras pour moi qui t'aime!
Déjà de ton trépas mon cœur
Souffrit l'angoisse extrême'
J'aime! fût-il douleur
Égale à ma souffrance.
Patrie! honneurs! puissance..
J'aurais tout donné pour toi!..

RADAMÈS.

Pour elle n'ai-je pas, moi,
Dans l'ardeur qui m'enivre
N'ai-je donc pas trahi l'honneur et mon pays?

AMNERIS.

Ne parle pas d'elle!

RADAMÈS.

A moi le mépris
Et tu me dis de vivre!..
Mon Aida chérie
Par toi me fut ravie:
Qu'as-tu fait de sa vie? ..
Peut-être... ô trahison...

AMNERIS.

Toi! m'accuser de sa mort... non!...
Elle vit!...

RADAMÈS.

Ah! vivante!...

AMNERIS.

Dans ta poursuite ardente
De nos soldats vainqueurs
Son père est mort!

AÏDA

RADAMÈS.

Mais elle!...

AMNERIS.

Elle s'enfuit! depuis, pas de nouvelles.

RADAMÈS.

La main des dieux sauveurs
A protégé ses jours! que rien ne lui révèle
Que pour elle je meurs!

AMNERIS.

Mais si je te sauve, promets
De ne plus la revoir!

RADAMÈS.

Jamais !

AMNERIS.

A sa tendresse
Renonce et tu vivras!...

RADAMÈS.

Jamais!...

AMNERIS.

Pour la dernière fois... tu l'oublîras!

RADAMÉS.

Jamais

AMNERIS.

C'est la mort qui se dresse!

RADAMÈS.

Je l'attends sans frayeur.

AMNERIS.

Qui pourra sauver ta tête
Du supplice qui s'apprête;

Cet amour que l'on rejette
Deviendra haine et fureur.

### RADAMÈS.

Ah! combien la mort est belle,
Si je dois mourir pour elle,
Sans effroi mon cœur l'appelle,
C'est ma joie et mon bonheur'

### AMNERIS.

Si tu lasses ma clémence
Je te livre à leur fureur!

### RADAMÈS.

Ah! je brave ta vengeance,
Ta pitié me fait horreur!..

> Radamès sort au milieu des gardes.

# SCÈNE III

## AMNERIS, Les Prêtres, RAMPHIS.

### AMNERIS.

Ah! je me sens mourir! comment sauver sa vie?
Et j'ai pu le livrer à ces juges cruels!
Ah! sois maudite, atroce jalousie!
Hélas! sa mort de regrets éternels
    Pour moi sera suivie.

> Les prêtres traversent la galerie pour descendre dans la crypte.

Ah! voilà du trépas les terribles ministres!
Ah! loin de moi, fuyez, spectres sinistres!
Et c'est moi qui le livre à ces juges cruels!..

### LES PRÊTRES.

Dieu tout-puissant, que ta foi nous éclaire!

Fais éclater ta divine lumière
Et par nos voix que parle un Dieu sévère!

*Ils passent.*

AMNERIS.

Pitié, grands dieux!
Pour ma souffrance,
Qu'à tous les yeux
Brille son innocence!...
Ah! je succombe à ma douleur immense

*Radamès entouré de gardes suit les prêtres dans le crypte.*

Comment le sauver! triste sort!...
En moi je sens la froide mort!...

*On entend la voix de Ramphis dans la crypte.*

RAMPHIS.

Radamès, tu livras à l'étranger impie
Les secrets de notre patrie.
Disculpe-toi!

LES PRÊTRES.

Disculpe-toi!...

RAMPHIS.

Il se tait! c'est un traître.

AMNERIS.

O dieux! en vous j'ai foi!...
Pitié pour lui! pitié pour toi!...

RAMPHIS.

Radamès! Radamès!... tu désertas l'armée
Lorsque la guerre allait être allumée,
Disculpe-toi!

LES PRÊTRES.

Disculpe-toi!...

RAMPHIS.

Il se tait! c'est un traître!

AMNERIS.

O ciel ! exauce-moi !...
Pitié pour lui ! pitié pour moi !...

RAMPHIS.

Radamès !... tu trahis dans ta lâche infamie
L'honneur et la patrie...
Disculpe-toi !...

LES PRÊTRES.

Disculpe-toi.

RAMPHIS.

Il se tait ! c'est un traître !

AMNERIS.

O dieux ! je meurs d'effroi.
Pitié pour lui ! pitié pour moi !...

LES PRÊTRES.

A ton sort rien ne peut te soustraire,
Que l'Égypte et le ciel soient vengés ! ..
Sois vivant englouti dans la terre
Sous l'autel de nos dieux outragés !...

AMNERIS.

Lui vivant ! le tombeau !... Quoi !... ces prêtres...
C'est du sang qu'il leur faut... justes dieux ! ..
Voilà donc les ministres des cieux !...

Les prêtres reparaissent sortant de la crypte.

RAMPHIS.

Mort aux traîtres !...

AMNERIS.

Quel forfait !... quelle aveugle colère !
Êtes-vous altérés de son sang :
Outrageant et le ciel et la terre,
Votre arrêt a frappé l'innocent.

**RAMPHIS.**

C'est un traître! il mourra!...

**AMNERIS.**

L'immoler! quand tu sais que je l'aime,
Que mon cœur à jamais l'aimera!...
De ce cœur déchiré l'anathème
Sur vous tous tombera.

**RAMPHIS.**

C'est un traître!... il mourra!...

**AMNERIS.**

Pitié pour lui!...

**RAMPHIS.**

La mort! c'est un traître! il mourra!

*Ramphis et les prêtres s'éloignent.*

**AMNERIS.**

Race impie!... anathème sur vous!
Ah! soyez écrasés par le ciel en courroux!

*Amneris sort désespérée.*

# DEUXIÈME TABLEAU

La scène est divisée en deux parties. La partie supérieure représente l'intérieur du temple de Vulcain resplendissant d'or et de lumières. La partie inférieure représente une crypte; de longues files de piliers taillés dans le roc se perdent dans l'obscurité.

# SCÈNE IV

## RADAMES, dans la crypte . AÏDA

Il est sur les degrés de l'escalier par lequel il est descendu. Au-dessus, deux prêtres scellent la pierre qui ferme l'entrée du souterrain.

### RADAMÈS.

J'entends sur moi le marbre qui retombe :
Oui, c'est ici ma tombe.
Je ne dois plus revoir les cieux,
Je ne dois plus te voir, Aïda!... toi, si chère...
Où donc es-tu? sois donc heureuse sur la terre,
Ignore au moins quel fut mon sort affreux.

Il entend un soupir et distingue une forme indécise dans l'obscurité.

Mais qu'entends-je? Est-ce un spectre, un fantôme?.. je crc
Que c'est un être humain... Ciel! Aïda!...

### AÏDA.

C'est moi...

### RADAMÈS.

Dans ce sépulcre!... toi !...

### AÏDA.

J'avais d'avance
Deviné leur sentence,
Dans ce tombeau pour toi prêt à s'ouvrir
J'ai pénétré furtive, et sous la voûte
Où nul ne nous écoute
Auprès de toi la mort sera douce !

### RADAMÈS.

Mourir !
Mourir ! ô toi si belle !...

Mourir! ô loi cruelle...
Quand pour toi l'existence à peine s'ouvre-t-elle !
Quand l'amour doit charmer ton cœur!
Dans mon malheur
Quoi! tu devrais me suivre!...
Non! tu vivras... car moi je t'aime... tu dois vivre.

AÏDA.

Vois ! déjà l'ange de la mort
A déployé son aile,
De la vie éternelle
Il nous montre le port.
Pour nous s'est entr'ouvert le ciel,
Là toute douleur cesse,
Là commence l'ivresse
De l'amour éternel !

On entend le chant des prêtres réunis dans le temple.

AÏDA.

Quel chant lugubre !...

RADAMÈS.

C'est le chant au sanctuaire...

AÏDA.

C'est notre hymne de mort!...

RADAMÈS.

Ne puis-je soulever cette fatale pierre
Et nous délivrer!...

AIDA.

Vain effort!...
Il n'est pour nous nul espoir dans ce monde...

LES PRÊTRES.

Ma voix t'implore, ô toi source féconde !...

. . . . . . . . . . . .

AÏDA.

C'est la mort !

RADAMÈS.

C'est la mort!...

AÏDA et RADAMÈS.

Adieu, séjour de deuil et de misère,
Rêve joyeux, triste réalité !
Le ciel pour nous s'entr'ouvre, et l'âme fière
va s'envoler vers l'immortalité.

AMNERIS.

Elle paraît dans le temple, vêtue de deuil et va se prosterner sur la pierre
qui ferme le souterrain.

Ame adorée... Isis la bonne mère
T'ouvre le ciel! repose en paix !
Toi que j'aimais
Repose en paix.

FIN

# DERNIÈRES PIÈCES PARUES

| | fr. | c. |
|---|---|---|
| Jean Baudry, *pièce* | 2 | » |
| La Papillonne, *comédie* | 2 | » |
| Charlotte Corday, *drame* | 2 | » |
| La Moabite, *pièce en vers* | 2 | » |
| Rataplan, *revue* | 2 | » |
| Les Braves Gens, *comédie* | 2 | » |
| Belle Lurette, *opéra comique* | 2 | » |
| Nina la Tueuse, *comédie* | 1 | 50 |
| Daniel Rochat, *comédie* | 2 | » |
| La Petite Mère, *comédie* | 2 | » |
| L'Amiral, *comédie en vers* | 2 | » |
| Jean de Nivelle, *opéra com* | 1 | » |
| Chevalier Trumeau, *c. en vers* | 1 | » |
| Papa, *comédie* | 2 | » |
| Vercingétorix, *drame* | 4 | » |
| Les Mouchards, *pièce* | » | 50 |
| La Victime, *comédie* | 1 | 50 |
| Beau Nicolas, *opéra comique* | 2 | » |
| Le Mari de la débutante, *com.* | 2 | » |
| La Jolie Persane, *opéra com* | 2 | » |
| Anne de Kerviler, *drame* | 1 | 50 |
| Jonathan, *comédie* | 2 | » |
| Lolotte, *comédie* | 1 | 50 |
| La Famille, *comédie* | 1 | 50 |
| L'Etincelle, *pièce* | 1 | 50 |
| Les Tapageurs, *comédie* | 2 | » |
| Le Petit Hôtel, *comédie* | 1 | 50 |
| La Petite Mademoiselle. *op. c.* | 2 | » |
| Yedda, *ballet* | 1 | » |
| Etienne Marcel, *opéra* | 1 | » |
| L'Age ingrat, *comédie* | 2 | » |
| Les Danicheff, *com.* | 2 | » |
| La Camargo, *opéra com* | 2 | » |
| Les Amants de Vérone, *opéra* | 1 | » |
| Le Phonographe, *à-propos* | 1 | » |
| Le Gascon, *drame* | 2 | » |
| Le Club, *comédie* | 2 | » |
| Les Vieilles Couches, *comédie* | 2 | » |
| Les Fourchambault, *comédie* | 2 | » |
| Le Petit Duc, *opéra comique* | 2 | » |
| Hernani, *pièce* | 2 | » |
| Scandales d'hier, *comédie* | 2 | » |
| La Cigale, *comédie* | 2 | » |

| | fr. |
|---|---|
| Le Fandango, *ballet pant.* | 1 |
| La Comtesse Romani, *com* | 2 |
| Le Roi de Lahore, *opéra* | 1 |
| Cinq-Mars, *drame lyrique* | 1 |
| Oh ! Monsieur ! *saynète* | 1 |
| Les Charbonniers, *opérette* | 1 |
| Le Tunnel, *comédie* | 1 |
| L'Hetman, *pièce en vers* | 2 |
| L'Etrangère, *comédie* | 2 |
| Paul Forestier, *com. en vers* | 2 |
| Le Prince ! *comédie* | 2 |
| Mariages riches ! *comédie* | 2 |
| Aïda, *opéra* | 1 |
| Paul et Virginie, *opéra* | 1 |
| La Partie d'échecs, *comédie* | 1 |
| Sylvia, *ballet* | 1 |
| Madame Caverlet, *comédie* | 2 |
| Piccolino, *opéra comique* | 2 |
| Boulangère a des écus, *o. bouf.* | 2 |
| Loulou, *vaudeville* | 1 |
| Monsieur attend Madame, *com.* | 1 |
| Petite Pluie, *comédie* | 1 |
| Le Panache, *comédie* | 2 |
| Fanny Lear, *comédie* | 2 |
| Carmen, *opéra comique* | 1 |
| L'Oncle Sam, *comédie* | 2 |
| La Haine, *drame* | 2 |
| La Boule, *comédie* | 2 |
| La Mi-Carême, *vaudeville* | |
| Le Homard, *comédie* | |
| Le Sphinx, *drame* | |
| Monsieur Alphonse, *pièce* | |
| Jeunesse de Louis XIV, *com* | |
| La Petite Marquise, *comédie* | |
| Jean de Thommeray, *comédie* | |
| Libres ! *drame historique* | |
| Toto chez Tata, *comédie* | |
| Chez l'avocat, *comédie* | |
| L'Eté de la Saint-Martin, *com.* | |
| Le Roi Candaule, *comédie* | |
| La Femme de Claude, *pièce* | |
| Un Monsieur en habit noir, *c.* | |
| Le Réveillon, *pièce* | |

www.ingramcontent.com/pod-product-compliance
Lightning Source LLC
LaVergne TN
LVHW022154080426

835511LV00008B/1398